拾　得

生活小詩百首

林錫嘉著

文史哲出版社印行

拾　得

生活小詩百首

目　次

●詩前●
心有什麼重要

這一段日子叫「三年」，在這時間裡，我的人生旅途中，我迎接了一段旁所不曾有的小詩的探索。

而且有一個重要的因緣——一個好因緣。我們三位：文史哲出版社彭社長、曾美霞老師和我，我們曾是同主編"中華民國新詩學會"的今刊《詩報》的一段情誼，而創辦了《華文現代詩》。

這是一件令人高興的，有

意義的事。正如同我在創
刊時所說：2014年5月4日
台灣《華文現代詩》創刊了！
在台灣眾多現代詩刊的此
時刻，我們想辦一份「比
較不一樣」的現代詩刊。

「愛」在我們台灣這樣份擾
裡的社會，顯得那麼溫柔
的重要。

當初，我們創辦《華文現代
詩》的初衷，是想鼓勵大家
用寫詩來祥和社會，溫柔人心，
在這種紛擾的社會氛圍中，
我們此一小小的期盼更顯得

那后的不容易和詭譎。

　我常常將不安的心放牧
街頭，在一個悶熱的午後。
我在街頭見一中壯男人，挺
着大大的啤酒肚走過街，
忽而拾得小詩一些：「肚子」

「請問，能撐船的肚子
　怎麼造？」
他扮個鬼臉
閉上一隻眼睛

　我就是想以這小詩百首，
試着寫出我生命的真摯和
誠懇。

雖然在這二年期間，心中
曾經閃過一個念頭：
　這些小詩，紅的青的，荔枝
纍纍掛，浪漫的舞步，品采熟
歲月裡的香氣，撲向你的鼻
子！
「驗人端得意，笑口脫妙音。」
詩很重要，心更重要。

2018.02.02

要有所牽

感恩 piano
半去紀來
牽手相伴行

一腳難成行
一行難成詩
生命點燃燭
一束難成光

愛總得成雙走
單手，無所牽

2017.05.17

肚子

「請問，能撐船的肚子
怎麼造？」
他扮個鬼臉
閉上一隻眼睛

2016.02、09.

向日葵

我用堅定的眼神
規劃
太陽運行的軌道

2016.四.10

山居

夜入山居
坐窗前
煮一壺酒
溫暖山

2016.12.12

古松

為什麼叫我古松
寒冬再冷，依然
我用溫暖的手
與你相握。

2016.02.18

夕陽歲時光

海面閃動波光
連推都不用推
就把時光靜靜的
推向遠方

2016.03.01

海

這一滴淚
到底是誰掉的？
靜靜，深夜
如此憂鬱

2016.03.09

好春

春天為溫暖大地
承諾青山
只走清淨山澗淙
不流過人心
更不流過 嘴巴

2016.04.20

人生鏡子

我說話
鏡子無聲說法
你看鏡子
鏡子無懼看你
人生端起一面巨大的茫然
除非你無懼回看.

2016. 12. 01

深井

有一种深遠的靜
在井底，而
声音並没有消失

你叫他
他會回答你
以婉轉折射的美聲
然後又回到深遠的靜裡。

2016.06.21.

人生

從電影院的混濁中
我幽幽走出銀幕的驚愕
拋下黑暗　以及
那一群麻痺的觀眾

2016、10、04

鼓腹無介

已經不記得了
什麼時候迷途走入
如此動亂紛擾
令人心頭震驚的鼓腹之中

2016.10.08

缺角

缺個角的生命
勇氣
就從那裏
傾洩而出

2016.01.10.

見古爾班通古特沙漠

我瞇著眼睛
輕輕摑一下沙漠
卻驚動了睡覺的他
一波波逃向遠方

2016.01.02

唇舌謊言

深淵，我一直掉入
現實遠盡霧
一朵艷紅的玫瑰
自双唇間綻放。

2016. 10. 15.

塑像

一團泥土
於快窒息的一刻
自他身軀深處
痛苦卻α寂靜的生命
湧出一份倔強.

2016.10.16

雕刻一生

拿起雕刀
銳利的筆尖
刻手中方寸的大理石
一刀一滴
一刀一滴
一生品刻了個
「苦」字！

2016. 01. 16

已經走遠的昨天

昨天那幅的色彩已逐漸褪去
在我人生的畫簿裡
他側個身
就靜靜的走遠了.

2016. 01. 20

馬路上

文明都會的馬路上
車子比人多
蠻橫比講理多
拼命敲鑼打鼓
　　比溫和報些多
悠悠馬蹄声安在
換得橫暴滿人間

2016.02.18

風和樹葉

有些人常在嘴边
掛着一片薄薄的樹葉
風來，樹葉翻動身子
風過，樹葉又翻動身子
一遍又一遍翻動的樹葉
都是因為風的緣故？

2016. 06. 12

長白山上天池

高山名曰長白
映着藍天而成池
一呂全音符
凝聚山林精靈的
眼淚

2016 05. 21

自然靜美

我每天牧近自然
獨自裸裎的
牧近，每一吋肌膚
都被靜靜浸潤
心靈開始清澈之後
就被深山平靜的湖
所照見

2016.08.28

香茅葉上一、黑、蟬

一聲鳴，大地豁然開声
立秋第一天早晨
你就用一句長長的詩句
來敲我家的門

一眉香茅葉上
一句綠色詩句上
你是一個黑亮的驚嘆号

2016,08,30

想家

我打開家中所有的窗戶
俯身
傾聽
鄉愁逼近的聲音

2017.05.12

自然握手

花草綠樹生郊野
用詩，掛在人的嘴角上
然後，都長出手來
緊緊地握成
一種自然

2016.09.10

時間

有人常說，趕時間
有人則是　等時間
也有人　不急不徐
間適渡人生

時間走那樣
無聲無跡

2017. 12. 29.

古道今人踩

今仔日返去昔日走
空襲的庄腳.

小路躲藏在大道裡.
打赤膊的牛車伯去了遠
方

存那二棵高聳入天的
大芒果樹

勇士般舉起強壯臂膀
凝視遠方世界

一群螻蟻
左腳下忙碌着

一葉之蔭

一葉之樹
分享一葉之蔭涼
十年，百千葉之樹
分享百千葉的蔭涼

刀斧用貪
砍伐那樹
樹倒葉落
蔭涼自此被埋在葉下

2016. 10. 25

靜靜的甕

他是一個靜々的甕
很深很廣，一大群
心地美善之人
他都很誠摯的將之
裝入甕裡，靜々的
讓他們發酵
你誤以為
這一切都是靜々的！

2016.11.14

屋前小土坡

四月嫩夏
自門前斜飛去
的童年時光

小草全身塗滿陽光
絲絨絨的喜悅

小土坡這片小天地
飽滿着我的夢
繽紛了我的心.

2016.12.23

天籟

五月輕盈的夏
大尖山的菊鬱
是一家靜謐的世界
我划樹葉縫隙垂下來的
銀絲弦閃爍

一隻小鳥
從林外飛來
撥動薄亮的銀絲弦
我傾耳听
林葉輕聲歌唱

2016.12.23

兄弟

被遺棄的銹蝕机器
幾粒螺絲
不捨的
緊緊抓住
不再轉動的
车軸

2017.03.02

油水

一滴油
滴入乾澀的螺絲孔
潤滑起來了

一部大機器伸出一隻隻
乾澀的手
手太多太亂　吵着鬧着
要油水.

2017.03.30

生命

我把生命緊貼在
菩提樹葉上
靜々的伏貼

終於，從樹葉細々
脈絡中，我感覺到它
生命的血液流動.

2017.04.02

一种聲音

一直都怀念老家
那條幽净的小芴
用寧静来滐养
我成長的笑声歌声读书声
以及,母狀頸上
白髮古黑髮争執的声音

2017.04.12

黃昏之後

一座山
夕陽擁他入睡

浪也回來了
月靜靜在遠處
記下他們一整天的
辛苦

2017.04.19

簷滴

時間一秒一秒滴落
在屋簷下
我堅持要等待天晴
而，腳迎的水滴
已迎自流向遠方了

2017.04.22

融雪

吊掛的冰心
清澈的生命
激動了我

雪融
昨夜留下的
淚
令人驚嘆

2017.04.22

風景

老樟在百年歲月裡
滄桑的痂疤
長在蒼老的枝幹上
一吋吋的風吹雨打
艱困的掙扎
而成為風景

二〇一七.四.二二

全音符

那顆空着心的全音符
掛在五線譜之間，
就在我眼前逐漸擴大，
擴大成一只巨獸的龐
然大口，把我吞下。

2017.04.27

落葉

掉落到半空中的
那一片落葉
比剛從脫離枝椏時
枯黃一些
捲曲一些，也
悽涼一些
在一片葉子的整個生命
　　過程中
是一段最悽美的
生命過程！

2017.05.02

耳朵

謊言的化裝舞會
最令人難耐的
昨夜夢裡鄉愁
採集一簍鄉音
醃漬耳朵

2017.05.13

流浪的淚

淚，在眼眶裡
流浪

為什麼不跳下去？
你是地球上那一個角落
流浪到我眼睛來
一個小小的湖泊？

2017.05.13

無名的野草

大地其家
一株株昂立着
不知名的野草
驕傲的擁有姿態和樣貌
裸露的生命
釋放出一份勇敢搖擺

我起火
為你煮一鍋生命之泉

2017.05.13

字

字
這人生
橫豎都要走

1999.07.14
發表 聯合報副刊

落日

突然
從攀登山岩的
手指間
看到一滴鮮紅的血
滴向山崖去

1999.07.14
發表聯合報副刊

噴嚏

你心中有一種忍不住
想用哈——啾
噴出
整座火山的熔岩

然後，若無其事
依然春夏秋冬

2004.09.08
發表人間福報副刊

眼

我的眼，已超過
半世紀的收藏

常常生深夜人靜時
我一一翻閱

2006冬季号
發表乾坤詩刊

鼻

比起嘴巴
鼻子過得更忙碌
不管你站著、坐著
醒著、睡著
總是進進出出
忙碌著

2006.冬
菱表乾坤詩刊

耳

二片扇子
朝着深邃的洞穴
把話語捍盡
最後不再听了

一生風雨
乃拿起耳扒子
把一生所听的
一一扒清

2006.春季号
黃裳乾坤詩刊

嘴

愛說話
小小的一張嘴
說了一生
最後仍留下半句話
彎彎的裸掛在嘴角上

二○○六春季号
發表乾坤詩刊

石

石可砌牆
石可搭橋
石可墊腳
更可絆腳

石可投問路
溪裡　石常擋道
而水繞過

2007、秋季号
蒙表乾坤詩刊.

石頭

他一直把心願
深藏在心裡

直到与阿牛那双手相遇
把他雕成一隻壯碩的牛

2007. 秋季号
发表乾坤诗刊

雪

雪融化了，你問說
「她去了那裡？」
她那裡也沒去
我在你我身边
用不同的樣貌。

2017.05.26

醉

清晨匆匆跑到门外寻找
昨夜留在门外的吧嗒
用一整夜茫乱的懊悔
杳无痕跡

但见屋簷滴蒂
一声嘆息

2017.06.10

海面晨光

晨光　輕輕
投射
一片淡淡光影
小浪伸出手
把日子
翻到新鮮的第一頁
然後等待
一隻海鳥
悠然飛過

2017.06.12

歲月

我站在夏日谿間
清澈自在的溪流
裡，竟有騎在歲月
背脊上硬被載走
的無奈！

2017.06.12

煙囪

不要与我辯白
我已多少年
過着
沒有瓦的日子

不要辯白
你不但拆了瓦
連瓦廠的煙囪
都推倒
我這一口氣
要從那裡凌波

2017.06.08

牆與影子

因光而存在，我
不得已貼在牆上

有時被牆角
切掉半边身子
不能如何呀！
這半身的寂寞

凡事總會有得失
光裡來又暗裡去

2017.06.14

天空（兼寫台灣）

長空，藍成令人想飛的
遼闊

二個小孩拿著風箏
到底誰先放？

風箏上的竹子
更著老鷹的紙
到底誰才是主角？

爭執的小孩、竹子和紙
天空就這樣等待著

夕陽

差不多被拆光的機器
最後那一粒銹爛的
螺絲　極力攀住
山頭最後一片嫣紅

2017.06.23

風

我沒有那麼大的本事
鼓動波濤
洶湧的太息
只是我想家
急促的腳步

2017.06.30

掛在牆上厚厚一叠日子

新年第一天晚上，心裡仍
興奮著。伸手撕去日曆第一
張薄薄的日子。

一年365個日子，最後那一天，
不也是一張薄薄的日子嗎？

摸摸這一大叠日子。
364天厚厚的日子，往後。
還有得過啊！

2017.02.14

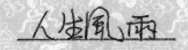

人生風雨

把狂風暴雨
滔天巨浪
一字字刻寫在書頁上
加重 歷史 的重量

人生，卻是雲淡風輕

2017.07.04

墨硯與山水

硯台
注入江水浩瀚
墨愈磨愈濃
峰巒的容顏
終於清晰的顯現

2017.07.06

如果

如果這棵楊柳搖擺
如果那棵楊柳搖擺，
如果河岸上
所有的楊柳搖擺
都伸出長長的繩子
把掉落河裡的歲月
——撿拾回來

2017.07.06

四月油桐

輕柔粉白油桐
花落下太多喧嘩

有一朵油桐花
無意間張開嘴
洩漏了今年早的
夏的消息

2017.06.28

山的溫柔

高山
一座穩固的意志
一份溫柔的深情

小草長在他懷裡
雲霧在他身邊圍繞

我的眼睛掛在他胸前
飽覽風景

2017.07.15

鄉愁裡的母親

母親的人生
走了六十年
鹹、酸苦澀
嚐盡

離家六十年，我
淳存滿心濃稠的鄉愁
在暗夜裡不安的攪拌
静静等待歲月成熟

• 小記：民國47年，我離家北上，讀
書、工作，竟也過了60年。父母相繼
過世，而鄉愁最是我心中沈重
的担子啊！

2017.09.22

靜

茂密的樹林
依傍間
透進一絲小小的光

平靜的湖心
悄悄
牽動一波波細綿的漣漪

2017.09.21

春山野地

地下根鬚寸長
撐起菜蔬尺許

春深雪抱山
我立野地間
萬草千樹

2017.09.4

世人

大地長樹
世人多砍伐
土地長菜蔬
世人多採摘

地下湧油氣
世人勤燒燉

俟物質全然用罄
於是，地毀人滅

2017.09.22

出發

直到讀遍了滿之的
一頁早晨
才輕快地擁著今天
啓程

2000.04.24

走丟了一個上午

一個上午已經讓我走丟了
下午潤澤何家
一天只能這樣懊惱的過？
不然
我不開花不長綠葉可不可以
走丟一個上午
豈只是走丟了一個上午啊！

2017. 10.05

水，一滴生命

雨後的下午
駐足公園池畔
見荷葉、
端來一滴水
我不屑一顧
荷葉輕聲叫住我
一滴眼淚沿着眼眶
滴落

2017.10.25.

多意境的白

小丑，塗了滿臉的白
醜惡的人塗了滿臉的白
美與醜之間
白啊！
你有超能力的
色彩蘊涵

<u>收割黃金 之樂</u>

一粒晶瑩的米粒
興奮的蹲在金黃穀殼裡
唱着歌呀！等待
那双溫暖的手
來收割

2017. 11. 4

心情

有時候，一片小心情
跟誰都無關
無關風月 無關情

回家 桌上玻璃瓶花
兀自高興的開着
也跟他無關

2017.11.09

分享

把偌大的樹蔭
分享給旅人
樹蔭付出無所求
人走了
樹蔭一點也沒減少

2017.11.10

刀削麥面

怎麼寫人生
一團結實又柔韌的人生
右手拿起削刀
左手抓穩麵团
那团充滿麥香的人生
一刀一刀的揮削
一片一片的人生風景
散遍人间

2017.11.14

很多的門

那年走入一座森林
眼前有許多门
緊緊關閉着
也有很多门
敞開着

如何看门
開古關

2017. 11. 14

六十歲

白髮，是
我六十歲
最深沉的感動

．補記六十歲內心突如
　其來的感動

2017. 11. 14

陋巷即景之一

深井
黑夜的陋巷
突然被投下
一粒石頭

2017. 11.15

陋巷即景之二

連游二、三圈
由窗的縫隙衝出
抗議

這边一声無聊的狗吠
那边立刻回应一声無聊
2017.11.16.

陋巷即景 之三

那边駡狗叫的人
這边駡養狗的人
養狗的人更聒噪
对狗吆喝：「不要叫啦」

2017.11.16

病榻即景 之四

狗和人
共通的習性
牠們的叫聲齊震天
因而，病榻觸電
如火一盞一盞
亮起來

2017.11.16

<u>陌巷即景之五</u>

沿着小斜坡
徐徐吹拂過来

寧靜
悄悄自酒巷
躡着腳走過
怕吵到酒巷的喧嘩

2017. 11. 15

一粒種子

一粒种子
偷偷的，伸出手
抛開冬天
探出頭來
陪朝陽
絢爛一下

二OO二　冬

生活

用心培養
一种能量
生活中
時々感动

春天溫暖的手
為大地的百花
接生.

2013.12.9

奧秘与秘密

奧秘
是大自然天成
無知的人們
卻用秘密
掩飾

2017.12.14

圓與缺口

每天清晨醒來
向天空畫個圓

留個小缺口
讓憂慮從缺口出去
讓歡喜自缺口進來

2017. 12. 01

<u>樹呀！</u>

一棵樹，百棵樹

其幹自有其堅
其枝自有其戀
其葉自有其韻

2017.冬

竹嘆——

如今
縱使砍盡台灣所有
竹林
也難找到一支
快樂的笛子！

2012·暮春.

愛語

——素雲國家贈二泉

莫非你用錦絲線
織就一床柔軟被窩
讓心愛的老伴
睡成一輩子的溫馨

2017. 冬

變葉木

變葉木變臉
令人喜悅
走入煙罕至的山林野地

人變臉，卻叫人驚嚇
於人群摩肩接踵之間

2017. 12. 19

煙與嘴

如果有一天
眾多的嘴
都閉上

官員說：
煙成了最大的受害者
都是嘴的錯。

2017. 12. 19

<u>晨的海岸</u>

平靜的海面之下
埋伏着暗夜的大軍
在剛好天明古未明之間

轟然一声
整個大軍衝向岩岸
將之碎裂

2017. 12. 23

废衰的樹林

雨中
废衰的樹林
眾樹寂然

而人啊！
在風雨裡
如此傾軋

2017. 12. 23

平野靜幽

一隻大白鷺
長長的頸子
伸過平靜的水田

夕陽自她斜斜的頸項
靜靜滑落

農家炊煙起

2017. 12. 25.

與草同行

終於，我听見草们
嬉戏的声音

我打赤脚走在
田埂上，草们纷纷擁来
親吻我的脚

2017.12.26.

日子

日子每天總是靜靜出現，
我的臉，天天風雨晴和

2017.12.27

國家圖書館出版品預行編目資料

拾得，生活小詩百首 / 林錫嘉著. --
　　初版.-- 臺北市：文史哲, 民 108.10
　　面：　公分.
　　ISBN 978-986-317-489-2 (平裝)

851.486　　　　　　　　108012031

拾得，生活小詩百首

著　　　者：林　　　錫　　　嘉
出 版 者：文　史　哲　出　版　社
　　　　　http://www.lapen.com.tw
　　　　　e-mail:lapen@ms74.hinet.net
登記證字號：行政院新聞局版臺業字五三三七號
發 行 人：彭　　　正　　　雄
發 行 所：文　史　哲　出　版　社
印 刷 者：文　史　哲　出　版　社
　　　　臺北市羅斯福路一段七十二巷四號
　　　　郵政劃撥帳號：一六一八〇一七五
　　　　電話886-2-23511028・傳真886-2-23965656

定價新臺幣二二〇元

民 國 一 〇 八 年 （2019） 十 月 初 版